18
페가수스에서 떨어진 영웅 벨레로폰

주니어RHK

신화의 가치

신화는 한 민족의 기원이나 역사적 · 종교적 · 문화적 삶의 모습을 보여 주는 옛이야기입니다. 주로 신과 영웅에 관한 이야기가 많고, 오랫동안 입에서 입으로 전해 내려왔다는 특징이 있지요.

우리가 살펴볼 그리스 로마 신화는 고대 그리스와 로마에 전해 오는 신화와 전설을 한데 묶은 것입니다. 그리스 로마 신화는 고대의 삶을 엿보게 해 주는 문화유산일 뿐만 아니라, 세계 여러 나라의 문학과 미술에 큰 영향을 끼쳤습니다. 하지만 문화적 가치만큼이나 중요한 것이 또 있습니다. 오래된 옛이야기이면서도 거기에 담긴 교훈적 가치가 오늘날에도 여전히 쓸모 있고 중요하다는 사실입니다.

놀랍지 않나요? 수천 년 전의 이야기가 어떻게 과학 문명이 고도로 발달한 오늘날에도 통하는 것일까요? 그것은 바로 그리스 로마 신화에 나오는 신과 영웅의 모습이 오늘날 우리의 모습과 다르지 않기 때문입니다. 신들도 우리처럼 분노하고, 질투하고, 실수를 하지요. 그런 모습을 보면서 우리는 깔깔 웃거나 눈물을 흘리고, 교훈과 감동을 얻습니다. 우리가 그리스 로마 신화를 읽어야 하는 까닭이 바로 이것입니다.

신화의 세계로 떠날 여러분에게 한마디 덧붙이자면, 신화는 우리에게 끝없는 상상력을 요구한다는 점입니다. 신화 속에는 수많은 은유와 상징이 곳곳에 널려 있지요. 따라서 신화를 읽을 때에는 상상력을 최대한 발휘하여 신화 속에 숨겨진 의미를 찾고, 그것을 자기 나름대로 재해석하는 과정이 필요합니다. 이렇게 읽었을 때에야 비로소 여러분 앞에 놀라운 삶의 이야기가 펼쳐질 것입니다.

자, 그럼 흥미진진한 신화의 세계 속으로 함께 떠나 볼까요?

페가수스를 마음껏 부릴 수 있게 된 벨레로폰은
괴물 키마이라를 물리치고 모든 싸움에서 이깁니다.
자신만만해진 벨레로폰은 신들이 사는 하늘로 올라가려고 합니다.
영웅 벨레로폰에게 과연 무슨 일이 일어날까요?

주요 등장인물

⚜ 이오바테스 왕 ⚜

리키아 왕국의 왕이에요.
벨레로폰에게 키마이라를
죽여 달라고 부탁해요.

⚜ 키마이라 ⚜

리키아에 나타나는 괴물이에요.
머리는 사자와 같고,
양의 몸에 뱀의 꼬리가 달렸어요.
무시무시한 불을 내뿜어요.

⚜ 벨레로폰 ⚜

프로메테우스의 후손이에요.
여러 괴물을 물리친 영웅이며
여인의 유혹도 이겨 내지만
자만심이 강해요.

⚜ 페가수스 ⚜

하늘을 나는 말이에요.
이 말을 길들이려면
황금 고삐가 있어야 해요.

1
페가수스를 얻은 벨레로폰

샘 옆에는 눈이 부시도록 하얀 말 한 마리가 있었습니다.

등에는 커다란 날개가 달려 있었습니다.

"오, 페가수스를 실제로 보다니, 꿈만 같구나!"

벨레로폰은 페가수스를 찾아 페이레네 샘으로 길을 떠났습니다. 벨레로폰은 아테나 여신에게 받은 황금 고삐를 소중히 지니고 발길을 서둘렀습니다.

드디어 페이레네 샘에 도착했습니다. 샘 주변을 둘러보던 벨레로폰은 눈앞에 펼쳐진 광경에 깜짝 놀랐습니다.

"페가수스!"

샘 옆에는 눈이 부시도록 하얀 말 한 마리가 있었습니다. 등에는 커다란 날개가 달려 있었습니다. 벨레로폰이 그토록 보고 싶어했던 페가수스였습니다.

"오, 페가수스를 실제로 보다니, 꿈만 같구나!"

사랑받는 말, 페가수스

벨레로폰이 그토록 페가수스를 갖고 싶어 한 것처럼 페가수스는 여러 사람과 신들에게서 사랑을 받았어요. 특히 예술의 신 무사이는 아테나 여신에게서 선물 받은 페가수스를 무척이나 아끼고 귀여워했다고 해요. 예술의 여신이 아껴서인지, 여러 예술가들도 페가수스에게서 영감을 얻어 시를 쓰거나 그림을 그렸지요.

벨레로폰은 가슴에 품은 황금 고삐를 꺼냈습니다.

"히히힝!"

페가수스가 먼저 황금 고삐를 알아보고는 천천히 벨레로폰을 향해 다가왔습니다. 페가수스가 뿜어내는 빛은 정말 눈부셨습니다.

페가수스가 가까이 오자, 벨레로폰은 떨리는 손으로 눈처럼 하얀 털을 어루만졌습니다.

"오, 정말 페가수스로구나. 반갑다!"

페가수스는 벨레로폰을 반기듯 발을 굴렀습니다.

페가수스는 벨레로폰이 올라탈 수 있도록 몸을 낮추어 주었습니다. 벨레로폰은 조심스레 황금 고삐를 페가수스에 매었습니다. 그러고는 얼른 페가수스 위에 올라탔습니다.

벨레로폰과 페가수스

〈키마이라와 싸우러 떠나는 벨레로폰〉 알렉산드르 이바노프

벨레로폰이 페가수스와 함께 키마이라와 싸우러 떠나는 그림이에요. 자세히 들여다보면 벨레로폰은 황금 고삐를 쥐고 있어요.

“히히힝!”

페가수스는 벨레로폰을 태우고 힘차게 날개를 펼쳤습니다. 그들은 순식간에 하늘 높이 날아올랐습니다.

페가수스는 포세이돈 신전 위를 한 바퀴 돌았습니다.

“오, 역시 소문대로 대단하구나!”

벨레로폰은 페가수스의 넘치는 힘에 감탄했습니다.

페가수스는 발굽이 스칠 듯이 신전 위를 지나더니 더 높은 하늘로 날아올랐습니다. 이제 신전과 숲과 강이 저 아래에 아주 작게 보였습니다. 걸어서 간다면 몇 달이나 걸릴 만큼 먼 거리도 페가수스는 눈 깜짝할 사이에 날아갔습니다.

벨레로폰이 소리쳤습니다.

"페가수스, 이제 나와 함께 괴물 키마이라를 물리치러 가자!"

페가수스는 알아들었다는 듯이 히히힝 크게 울고는 날개를 더 크게 펼쳤습니다.

벨레로폰은 페가수스와 함께 있으니 더 자신감이 생기는 것 같았습니다.

2
키마이라와의 싸움

"키마이라, 덤벼라!"

벨레로폰이 우렁차게 외치자 키마이라는 성이 나서 괴성을 질렀습니다.

벨레로폰은 페가수스를 타고 *단숨에 키마이라가 있는 곳까지 날아갔습니다. 그곳에서는 역시 불길이 타오르고 있었습니다. 밭의 곡식들이 모두 불에 타고, *가축들은 불에 데어 신음했습니다. 사람들은 불길을 피해 이리저리 달아나느라 바빴습니다.

벨레로폰이 용감하게 소리쳤습니다.

"키마이라, 어서 모습을 드러내라! 나 벨레로폰이 너를 물리치러 왔다!"

*단숨에 쉬지 아니하고 곧장.
*가축 집에서 기르는 짐승. 소, 말, 돼지, 닭, 개 따위를 통틀어 말함.

페가수스를 탄 벨레로폰은 공중을 빙빙 돌며 키마이라를 찾았습니다. 그때 숲 가장자리에서 뜨거운 불길이 거세게 치솟았습니다.

“페가수스, 저리로 가자!”

페가수스는 날개를 퍼덕이며 불길이 치솟는 쪽으로 날아갔습니다.

‘드디어 키마이라를 물리칠 수 있겠어.’

드디어 괴물 키마이라가 모습을 드러냈습니다. 키마이라는 몸의 반은 사람이고 반은 짐승인 괴물 티폰과 에키드나 사이에서 태어났습니다.

갈기가 무성한 사자 머리에 산양의 몸을 한 키마이라는 커다란 뱀의 꼬리를 가지고 있었습니다. 무시무시한 이빨이 튀어나온 입으로는 거센 불길을 내뿜었습니다.

여러 동물의 특징을 지닌 키마이라

키마이라는 신화 속 상상의 동물이에요. 사자의 머리에 산양의 몸, 뱀의 꼬리를 가지고 있어요. 한 몸뚱이에 여러 동물의 특징을 가지고 있는 것이지요. 여기에서 '키메라'라는 말이 생겨났어요. 유전적으로 서로 다른 두 종류 이상의 세포가 한 생물체 안에 들어 있는 경우에 쓰여요. 실험을 통해 반은 염소, 반은 양인 생물이 탄생하기도 했지요. 하지만 '키메라'는 주로 식물에 쓰이는 말이랍니다.

"키마이라, 덤벼라!"

벨레로폰이 우렁차게 외치자 키마이라는 성이 나서 괴성을 질렀습니다.

키마이라는 무서운 송곳니를 드러냈습니다. 동시에 입에서 시뻘건 불길이 쏟아져 나왔습니다. 불길은 순식간에 하늘로 치솟았습니다.

페가수스는 날쌔게 불길을 피해 날았습니다.

"너는 곧 내 손에 죽게 될 것이다!"

"캬오, 캬오!"

키마이라는 약이 올랐는지 쉴 새 없이 불길을 내뿜었습니다. 하지만 페가수스를 탄 벨레로폰은 날쌔게 피할 수 있었습니다. 페가수스는 지치지도 않고 이리저리 날아다녔습니다.

페가수스를 타고 공격하는 벨레로폰

〈키마이라와 싸우는 벨레로폰〉 페테르 파울 루벤스

페가수스를 탄 벨레로폰이 키마이라를 향해 용감하게 창을 겨누고 있어요. 당장이라도 키마이라를 창으로 찌를 것 같아요.

"이쪽이다! 어서 날 잡아 봐라!"

벨레로폰이 키마이라를 향해 소리쳤습니다. 그러고는 깊은 계곡 사이로 페가수스를 타고 날아갔습니다. 키마이라가 사람들에게 피해를 입히지 못하도록 외딴 곳으로 꾀어내려는 것이었습니다.

키마이라는 잔뜩 약이 올라 벨레로폰을 쫓아갔습니다. 깊은 계곡에 들어서자, 페가수스는 폭포 앞으로 날아갔습니다.

“캬오오!”

그 틈을 타서 키마이라가 숨을 깊이 들이마셨습니다. 온 힘을 모아 커다란 불길을 내뿜으려는 것이었습니다.

“페가수스! 이때야!”

페가수스는 재빨리 날아올랐습니다. 벨레로폰은 말에서 뛰어내리며 키마이라에게 칼을 겨누었습니다.

칼을 뽑아 든 벨레로폰은 키마이라를 향해 몸을 날렸습니다. 키마이라도 지지 않고 엄청난 불길을 내뿜었습니다. 뜨거운 열기가 폭포의 물줄기와 부딪치자 천둥처럼 큰 소리가 울려 퍼졌습니다.

벨레로폰은 날카로운 칼로 키마이라의 머리를 내리쳤습니다. 그러나 키마이라의 몸은 워낙 단단해서 상처가 나지 않았습니다.

그때 지혜의 여신 아테나가 벨레로폰에게 좋은 생각을 불어넣어 주었습니다.

벨레로폰은 다시 페가수스의 등에 올라탔습니다. 이번에는 납 덩어리가 달린 화살을 꺼냈습니다. 벨레로폰은 키마이라가 불을 내뿜는 때를 노려 납 화살을 쏘았습니다.

"캬아악!"

납 화살은 키마이라의 입 속으로 날아 들어갔습니다. 화살의 납은 곧 입 속의 불에 뜨겁게 녹아내렸습니다.

키마이라는 고통스러운지 사납게 비명을 질렀습니다. 하지만 그 소리는 점점 작아졌습니다.

마침내 키마이라의 육중한 몸이 쓰러졌습니다.

"드디어 끝났구나!"

벨레로폰은 안도의 한숨을 내쉬었습니다. 벨레로폰은 페가수스에서 내려 키마이라에게 다가갔습니다. 키마이라의 입에서는 검은 연기만 피어올랐습니다.

"페가수스, 네 덕분이야."

벨레로폰은 페가수스에게 다가가 갈기를 쓰다듬어 주었습니다. 그리고 아테나 여신에게도 감사의 기도를 올렸습니다.

3
승리의 영웅 벨레로폰

"그대는 참된 영웅이 틀림없소.
벨레로폰, 사실 그대에게 말하지 않은 것이 있소."

벨레로폰은 늠름한 모습으로 페가수스를 타고 왕궁으로 돌아왔습니다. 병사와 신하들은 모두 몰려나와 하늘을 보며 소리쳤습니다.

"와, 페가수스다!"

"벨레로폰이 키마이라를 물리쳤다!"

페가수스는 벨레로폰을 태운 채 성벽 위에 사뿐히 내려앉았습니다. 이 소식을 들은 이오바테스 왕은 깜짝 놀랐습니다.

"뭐라고? 벨레로폰이 돌아왔다고?"

이오바테스 왕은 벌떡 일어섰습니다. 그때 왕 앞에 벨레로폰이 당당하게 다가와 말했습니다.

"예, 전하. 지금 막 키마이라를 무찌르고 돌아오는 길입니다."

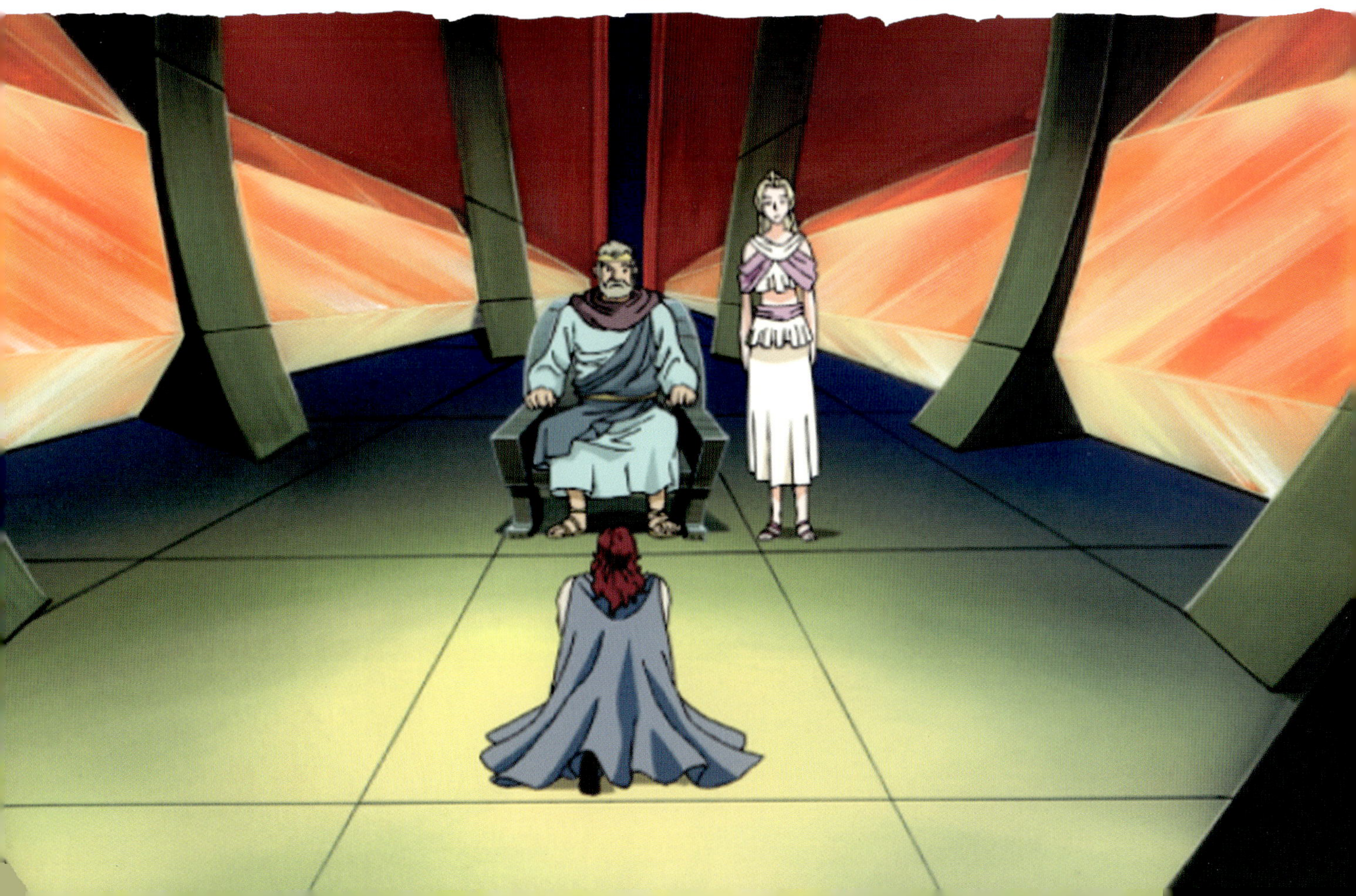

이오바테스 왕은 어찌할 줄 몰랐습니다. 벨레로폰이 살아서 돌아올 줄은 꿈에도 생각지 않았기 때문입니다. 이제 필로노에 공주와 결혼을 시키고 왕국까지 물려주게 되었으니, 어찌해야 하나 걱정이 앞섰습니다.

프로이토스 왕이 벨레로폰을 죽이기는커녕 사위로 삼았다는 것을 알면 크게 화를 낼 것이 뻔했습니다.

이오바테스 왕은 고민하다가 이렇게 말했습니다.

"오, 역시 그대는 영웅이 맞소. 그렇다면 한 가지 부탁만 더 들어주게나."

벨레로폰은 무슨 소린가 싶어 왕을 바라보았습니다.

"이웃 나라가 말도 안 되는 *요구를 하고 있네. 자네가 그 나라 군대와 싸워 줄 수 있겠나? 그 정도는 자네 혼자서도 할 수 있겠지?"

벨레로폰은 씩씩하게 대답했습니다.

"저에게 맡겨 주십시오. 페가수스와 함께라면 문제없습니다."

*요구 받아야 할 것을 필요에 의하여 달라고 청함. 또는 그 청.

"페가수스, 가자!"

벨레로폰은 쉴 틈도 없이 곧바로 페가수스를 타고 출발했습니다. 페가수스는 이웃 나라와 맞닿아 있는 *국경 쪽으로 단숨에 날아갔습니다.

벨레로폰은 자기를 따르는 병사가 하나도 없었지만 걱정하지 않았습니다. 페가수스만 있으면 마음이 든든했습니다.

"이번에도 잘해 보자고!"

*국경 나라와 나라의 영역을 가르는 경계.

엄청나게 많은 이웃 나라 병사들이 공격해 오자, 벨레로폰은 위험에 빠졌습니다. 혼자서 그 많은 병사를 상대하기가 힘들었던 것이지요. 하지만 벨레로폰은 페가수스를 타고 하늘을 날아올라, 이리저리 칼을 휘두르고 활을 쏘았습니다. 결국 적들은 벨레로폰의 기세에 눌려 뿔뿔이 도망가고 말았습니다.

"페가수스다! 도저히 이길 수 없어!"

"이번에도 이겼어! 페가수스 다 네 덕분이야!"

벨레로폰은 페가수스에게 신이 나서 소리쳤습니다. 페가수스와 함께라면 두려울 것이 하나도 없었습니다.

벨레로폰은 다시 왕궁으로 돌아왔습니다. 자신감에 가득 차서 이오바테스 왕에게 말했습니다.

"왕이시여, 무슨 부탁이든 다 들어드릴 수 있습니다. 제 앞에는 승리밖에 없으니까요! 하하하하!"

당당하게 돌아온 벨레로폰을 보고 이오바테스 왕은 또 한 번 놀랐습니다.

'어떻게 다 이기고 돌아온단 말인가! 지금껏 이 왕국 어디에도 저 청년만큼이나 용맹하고 당당한 사람은 없다. 프로이토스 왕과 안테이아 왕비가 무슨 오해를 한 것이 아닐까? 그렇지 않다면 저 청년은 신이 돌봐 주는 것이 틀림없다. 저 청년을 죽이는 건 큰 죄를 짓는 것 같아.'

이오바테스 왕은 벨레로폰에게 점점 마음의 문이 열리기 시작했습니다. 다시 보니 더할 나위 없이 멋지게 생긴 청년이기도 했습니다. 보통 사람들이라면 꽁무니를 빼며 도망갈 일도 척척 해내니 누구보다 믿음이 갔습니다.

왕은 벨레로폰을 불러 말했습니다.

"그대는 참된 영웅이 틀림없소. 그 누구도 무찌르지 못 한 괴물 키마이라를 물리치고 이 나라의 골치 아픈 문제를 해결해 줘서 고맙소. 벨레로폰, 사실 그대에게 말하지 않은 것이 있소."

벨레로폰은 궁금한 눈길로 왕을 바라보았습니다.

이오바테스 왕은 프로이토스 왕이 보낸 편지에 대해 사실대로 털어놓았습니다.

"그대가 티린스에서 가져온 편지는 바로 자네를 죽이라는 편지였소."

"예? 저를 죽이라는 편지였다고요? 어떻게 그런 일이……."

벨레로폰은 큰 충격을 받았습니다.

"믿을 수 없어……. 나에게 그토록 잘해 주던 왕이. 설마 안테이아 왕비가?"

벨레로폰은 프로이토스 왕과 안테이아 왕비가 떠올랐습니다.

자신에게 친절을 베풀었던 왕을 생각하니 슬퍼졌습니다. 게다가 안테이아 왕비가 무서운 음모를 꾸몄다고 생각하니 마음이 아팠습니다.

이오바테스 왕은 혼란스러워하는 벨레로폰을 바라보며 말했습니다.

"그러나 벨레로폰. 자네가 어떤 사람이건 간에 내가 지켜본 그대는 무척 용감하고 충실한 사람이오. 아마 무슨 오해가 있었을 것이오."

이오바테스 왕은 벨레로폰이 가져왔던 죽음의 편지를 갈가리 찢었습니다.

그 모습을 필로노에 공주가 흐뭇하게 바라보았습니다.

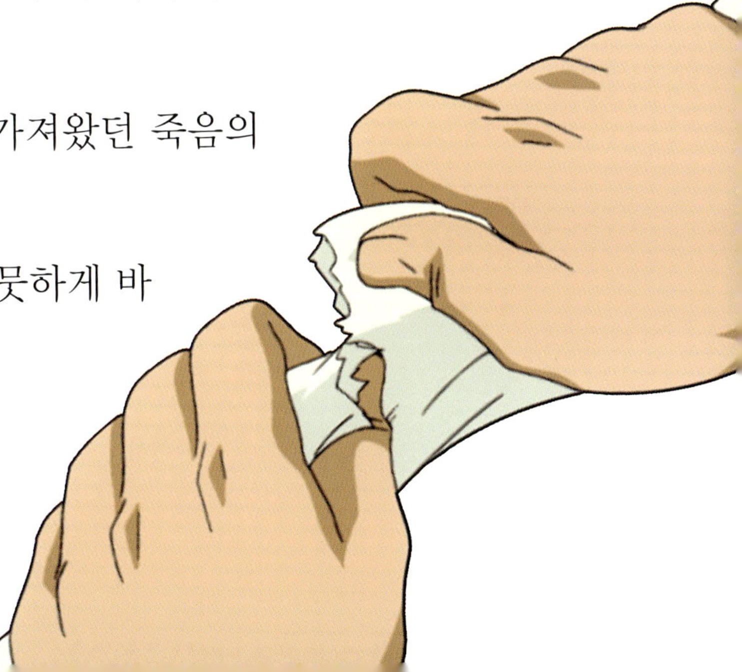

"그동안 진짜 영웅을 몰라봤다니, 참으로 미안한 일이오. 벨레로폰, 내 딸 필로노에와의 결혼을 허락하겠소."

이오바테스 왕은 기쁜 얼굴로 말했습니다. 왕 옆에 있던 필로노에 공주도 방긋 웃었습니다.

벨레로폰은 필로노에 공주와 멋진 결혼식을 올리고, 행복한 시간을 보냈습니다.

4
거만함의 끝

벨레로폰은 페가수스의 등에 올라탔습니다.

"자, 가자! 올림포스 신전으로!"

시간이 흘러 벨레로폰은 리키아의 왕 자리를 이어받게 되었습니다. 리키아 백성들은 키마이라를 죽인 벨레로폰을 영웅으로 받들었습니다.

"와, 벨레로폰 님이다!"

사람들은 한 번이라도 더 벨레로폰을 보려고 했습니다. 벨레로폰은 점차 사람들의 *존경을 당연한 것으로 여기기 시작했습니다. 틈만 나면 어깨를 으쓱하며 거들먹거렸습니다.

"그래, 이 벨레로폰 님이 나서기만 하면 뭐든 할 수 있지!"

벨레로폰은 아테나의 도움으로 괴물을 물리칠 수 있었던 사실도 잊은 듯했습니다. 올림포스 신전에서는 여러 신들이 모여 벨레로폰의 *거만한 모습을 못마땅해 했습니다.

***존경** 남의 인격, 사상, 행위 따위를 받들어 공경함.
***거만하다** 잘난 체하며 남을 업신여기는 데가 있다.

어느 날, 벨레로폰은 하늘에 있는 올림포스 신전을 올려다보며 말했습니다.

"저기서 여러 신들이 모임을 갖는다지? 내가 헤라클레스보다 못할 게 뭐야? 이참에 나도 한 번 올라가 볼까?"

벨레로폰은 헤라클레스에 대해 잘 알고 있었습니다. 헤라클레스는 인간이면서도 갖은 모험 끝에 올림포스 신전에 올라, 청춘의 여신 헤베를 아내로 맞이하기까지 했습니다. 벨레로폰은 자기도 할 수 있다고 생각했습니다.

"페가수스! 이리 와!"

벨레로폰은 페가수스를 불렀습니다. 페가수스는 황금 고삐를 가진 벨레로폰의 말을 잘 따랐습니다. 벨레로폰은 페가수스의 등에 올라탔습니다.

"자, 가자! 올림포스 신전으로!"

헤라클레스에 대해 벨레로폰이 몰랐던 것

헤라클레스는 인간이지만 올림포스 신전에 올라가 여신과 결혼했어요. 그 스스로도 신이 되었지요. 하지만 헤라클레스가 올림포스에 올라갈 수 있었던 것은 스스로 단을 쌓아 불을 지르고, 자기 몸을 불태워 죽음에 이르렀기 때문이에요. 헤라클레스는 살아서 위대한 영웅이기도 했지만 자신을 스스로 바쳤기 때문에 신들이 있는 올림포스에 올라갈 수 있었어요. 그것을 벨레로폰은 알지 못했지요.

벨레로폰은 하늘을 향해 오르고 또 올랐습니다.

마침 올림포스 신전에서는 제우스가 세상을 내려다보다가 그 광경을 보았습니다.

"아니, 저런 건방진 것이 있나!"

제우스는 벨레로폰이 무척 괘씸했습니다. 신이 되겠다고 날뛰는 꼴도 우스웠습니다.

"감히 올림포스에 오르려 하다니! 제가 신이라도 되는 줄 아는 모양이지?"

번개의 신 제우스는 손가락을 내밀어 벼락을 불렀습니다. 이 벼락에 맞으면 누구든지 그대로 불타 죽을 것입니다. 제우스가 두 손을 들어 막 벼락을 던지려다가 갑자기 멈추었습니다.

"아니지, 이만 한 벼락도 필요 없다."

제우스는 손가락을 튕겨 작은 벌레인 등에를 만들어 날려 보냈습니다. 등에는 파리보다 조금 큰 벌레로 말이나 소의 몸에 들러붙어 피를 빨아먹는 곤충입니다.

하늘을 나는 페가수스와 벨레로폰

〈페가수스에 타고 있는 벨레로폰〉 조반니 바티스타 티에폴로

하늘을 날아오르는 벨레로폰이에요. 모험심 넘치는 영웅이었지만 자만심이 지나친 나머지 신들의 미움을 사고 말았지요. 자신의 운명을 모른 채 힘껏 날아오르고 있어요.

등에는 페가수스를 향해 곧장 날아갔습니다. 그러고는 페가수스의 꼬리 밑에 달라붙어 피를 빨기 시작했습니다.

"히힝, 히히힝!"

페가수스는 간지럽고 따가운 나머지 몸부림을 쳤습니다. 꼬리를 마구 휘둘러 등에를 떼어 내려고 애썼습니다.

그래도 등에는 떨어지지 않았습니다.

제우스가 마음먹고 만들어 낸 벌레라서 쉽게 떨어지지 않았습니다. 제아무리 천상의 말 페가수스라도 등에는 어쩔 수 없었습니다.

“페가수스, 왜 그러는 거야? 그만해!”

벨레로폰은 날뛰는 페가수스를 멈추게 하려고 애썼지만 소용이 없었습니다.

그러다가 벨레로폰은 그만 황금 고삐를 놓치고 페가수스의 등에서 떨어지고 말았습니다.

"으아아아악!"

페가수스는 날아가서 떨어지는 벨레로폰을 태우려고 했습니다. 그 순간 제우스가 나섰습니다.

"페가수스! 너에게 새 임무를 주겠노라! 지금 당장 올림포스로 올라와서 내 벼락을 짊어지거라."

페가수스는 신들의 왕인 제우스의 명령을 따라야 했습니다. 어쩔 수 없이 페가수스는 떨어지는 벨레로폰을 그대로 놔둔 채, 올림포스를 향해 날아올랐습니다. 벨레로폰은 끝없이 아래로, 아래로 떨어졌습니다.

비명을 질러도 들을 수 있는 사람이 없었습니다. 오직 제우스만이 그 모습을 말없이 지켜보고 있었습니다.

벨레로폰이 떨어진 곳은 갈대밭이었습니다. 그는 다행히 목숨을 잃지는 않았지만, 워낙 높은 곳에서 떨어졌는지라 많이 다쳤습니다. 가엾은 벨레로폰은 앞을 볼 수 없게 되고, 다리를 절게 되었습니다.

벨레로폰이 떨어진 벌판의 이름은 '알레이온'입니다. 그런데 알레이온은 '방황의 들'이라는 뜻입니다. 그곳의 이름처럼 벨레로폰은 남은 평생 절름발이에 장님으로 이곳저곳을 떠돌며 살게 되었습니다.

OLYMPUS GUARDIAN 신화 뒷이야기

신화에는 무모하게 신이 되려고 했거나 신처럼 흉내를 내려고 했던 사람이 몇 명 있습니다. 태양신의 아들이었던 파에톤이 그랬고, 이카로스가 그랬습니다.

파에톤은 아버지의 태양 마차를 몰고 싶어 했습니다. 아버지가 말렸지만 결국 자기 고집대로 태양 마차를 몰다가 문제를 일으킵니다. 말을 다루지 못 해서 하늘과 땅을 모두 불태우고, 하늘에서 떨어져 죽습니다.

이카로스 역시 아버지의 경고를 받지만 욕심을 부립니다. 날개를 밀랍으로 만들어 붙이고 하늘을 날아오르더니, 더 높이 더 높이 올라갑니다. 결국 태양에 가까워지자 밀랍으로 만든 날개가 녹는 바람에 바다에 떨어져 죽고 맙니다.

벨레로폰은 천상의 말 페가수스를 얻자, 자만심이 지나쳐 신이 되려고 합니다. 하지만 제우스가 보낸 등에한테 피를 빨린 페가수스가 날뛰어 말에서 떨어지고 맙니다. 벨레로폰이 파에톤이나 이카로스와 달리 그나마 목숨을 건질 수 있었던 것은 괴물을 물리친 영웅이었기 때문입니다.

신화 속에서 신이 되려고 했던 사람들은 왜 *비참한 결과를 맞이할까요?

그것은 인간은 결코 신이 될 수 없다는 사실을 분명히 말해 주는 것입니다. 인간은 언젠가는 죽을 수밖에 없고, 그러한 운명을 받아들여야 한다는 것이지요. 그 속에는 인간은 *한계를 지닌 존재라는 생각이 깔려 있습니다.

한편으로 생각하면, 위험을 무릅쓰고 도전하는 것이 바로 인간입니다. 그러한 도전 정신 덕분에 인간의 문명이 지금까지 발전한 것인지도 모릅니다.

*비참한 더할 수 없이 슬프고 끔찍한.
*한계 사물이나 능력, 책임 따위가 실제 작용할 수 있는 범위.

올림포스 신들의 계보

- 크로노스 + 레아
  - 하데스 — 지하 세계의 왕
  - 포세이돈 — 바다의 신
  - 제우스 — 신들의 왕
    - 아테나 — 지혜 · 전쟁의 여신 (제우스 + 메티스)
    - 아폴론 — 의술 · 음악의 신 (제우스 + 레토)
      - 아스클레피오스 — 의술의 신
    - 아르테미스 — 사냥 · 순결의 여신 (제우스 + 레토)
    - 아레스 — 전쟁의 신 (제우스 + 헤라)
    - 헤파이스토스 — 대장간의 신 (제우스 + 헤라)
    - 아프로디테 — 헤파이스토스의 아내, 미의 여신 (제우스 + 디오네)
      - 에로스 — 사랑의 신
    - 헤르메스 — 신들의 전령, 상업의 신 (제우스 + 마이아)
    - 디오니소스 — 술의 신 (제우스 + 세멜레)
    - 페르세포네 — 하데스의 아내, 지하 세계의 여왕 (제우스 + 데메테르)
  - 헤라 — 신들의 여왕, 제우스의 아내
  - 헤스티아 — 난로 · 불의 여신
  - 데메테르 — 대지의 여신

⚜ 그리스 로마 신화 주요 인물의 이름 ⚜

그리스 어	로마 어	영어
가이아	텔루스	
니케	빅토리아	나이키, 빅토리
데메테르	케레스	세레스
디오니소스	바쿠스	바커스
레아	키벨레	시벨레
아레스	마르스	마스
아르테미스	디아나	다이애나
아테나	아테네, 미네르바	
아폴론	아폴로	아폴로
아프로디테	베누스	비너스
에로스	쿠피드, 아모르	큐피드
오디세우스	울릭세스	율리시스
우라노스	카일루스	유러너스
제우스	유피테르	주피터
크로노스	사투르누스	새턴
페르세포네	프로세르피나	
포세이돈	넵투누스	넵튠
하데스	플루톤	플루토
헤라	유노	주노
헤라클레스	헤르쿨레스	허큘리스
헤르메스	메르쿠리우스	머큐리
헤스티아	베스타	
헤파이스토스	불카누스	벌컨

그리스 로마 신화 올림포스 가디언 18

페가수스에서 떨어진 영웅 벨레로폰

펴낸이 양원석
펴낸곳 ㈜알에이치코리아
등록 2004년 1월 15일 제2-3726호
주소 서울특별시 금천구 가산디지털2로 53, 20층 (한라시그마밸리)
문의전화 02)6443-8800

ISBN 978-89-255-4430-4(74800)
ISBN 978-89-255-4354-3(세트)

값 **12,800원**

원작 만화로 보는 그리스 로마 신화(가나출판사)
이광진 엮음, 홍은영 그림
명화 구입처 유로크레온(주)